AF249758

RÉFLEXION

SUR la résolution du 14 Floréal dernier, et sur le projet de résolution présenté dans la séances du 21 du même mois, relatif aux Acquéreurs de domaines nationaux, qui sont tombés en déchéance et dont les biens n'ont pas été revendus.

CES projets ajournés sont très-incomplets, ils paraissent plus avantageux aux particuliers qu'à la République, les dispositions en sont incohérentes·

J'examine d'abord le motif des articles proposés ; on le trouve retracé dans ce considérant :

« Qu'un grand nombre d'Acquéreurs de
» domaines nationaux se sont trouvés dans
» l'impossibilité de payer leurs acquisitions
» aux époques fixées par les lois et qu'il
» est juste de les relever sans délai de la dé-
» chéance prononcée contre eux ».

Ce principe est puisé dans ceux de la justice distributive ; la République sans doute doit être juste envers les particuliers qui ont traité avec elle: mais *l'intérêt des déchus* devait-il étre le seul motif de con-sidération ? Ne fallait-il pas mettre aussi dans la balance l'intérêt de la République ? Certes tel était le but du Corps législatif en renvoyant à une commission le soin *de proposer les mesures les plus propres à rétablir le crédit public.*

Or ; il est de notoriété, pour tous ceux qui ont quelques connaissances administratives, que parmi les citoyens déchus de leurs Acquisitions ou Soumissions, il est des in-discrets qui ont tenté de faire fortune sans avoir en soumettant les moyens de remplir leurs engagemens, et que la *majeure partie de ces déchus* est composés d'agioteurs de domaines nationaux, de spéculateurs avides, qui ont eu l'espoir de payer ou d'achever de payer leur Acquisition avec des assignats discrédités, et devenus absolument nuls.

Les indiscrets sont dégoûtés et ne viendront pas achever leurs payemens ; la plupart d'ailleurs ont pris d'autres arrangemens, ou fait d'autres tentatives.

Les spéculateurs, les agioteurs, ne vien-dront rien apporter au trésor public, car leur intention était d'avoir les biens par eux soumis pour des valeurs mortes, pour des assignats valeur nominale , absolument de nulle valeur. Certainement on ne saurait penser qu'il entre dans l'intention des Législateurs de favoriser cet odieux monopole. Si, comme le projet l'annonce , ces acquéreurs déchus doivent payer partie du prix en numéraire , et partie *en bon*, il est sûr qu'ils resteront encore en arrière faute de moyens, et le but du Législateur , celui de rétablir le crédit public sera manqué, car évidemment cette mesure ne fera rien verser au trésor public.

Je vais citer deux exemples qui justifieront quel danger il y a pour la chose publique à relever en général de la déchéance surtout ces acquéreurs rapaces et de mauvaises foi.

Le nommé *Saison*, journalier du village de Villers-au-Bois, département du Pas-de-Calais, avait soumis et acquis 175 arpens de terre et une ferme de trois arpens, croyant sans doute que l'occupeur serait venu auprès de lui, et lui aurait fait le cadeau d'une somme quelconque pour le déclarer *command*; mais ne le voyant pas approcher , il cède son Acquisition à un jardinier fleuriste nommé *Pian*.

La vente se faisait en exécution de la loi du 24 Floréal an III. L'estimation de ce bien était de 160,750 francs *en assignats* ; l'enchère en porta le prix à 3 millions 20 mille livres.

D'après la loi, l'estimation devait être acquitée par tiers et dans les trois mois. Le surplus du prix devait être payé dans les trois mois suivans. La loi prononçait la *déchéance* faute de payement aux termes indiqués ; mais elle parlait aussi *d'une sommation* à faire à l'acquéreur. Cependant comme à cette époque le discrédit des assignats allait toujours croissant, de mal en pis , et comme le retard de quelques jours dans le payement pouvait ruiner le trésor public , la commission des revenus nationaux, sentant tout l'inconvénient qui résulterait des longeurs qu'entraîne une sommation, s'arrêta au véritable esprit de la loi, laquelle article II , dit: *que les acquéreurs sont déchus par LE SEUL défaut de payement*; et en conséquence elle adressa aux administrations centrales ou de district des modèles d'adjudications dans lesquels, pour éviter l'inconvénient puéril et ruineux des sommations à donner, on inserra une clause expresse de déchéance en ces termes.

» *A défaut de payement à chaque terme in-*
» *diqué, l'adjudicataire sera déchu de son*
» *adjudication et remboursé de ce qu'il aura*
» *dejà donné, déduction des frais.*

Cette clause importante était spécialement lue aux adjudicataires, elle a été connue de PIAN; c'est une des conditions de la vente, en y souscrivant, il a abandonné sciemment le bénéfice de la loi, il y a renoncé; et il a consenti à étre déchu *par le seul défaut de payement aux époques,* sans qu'il soit besoin de sommation.

Pian acquita le montant de l'estimation; il devait payer, le premier tiers de l'enchère, le 28 Pluviôse, an IV, avec des assignats, mais il n'en avait pas. Il se présenta pour payer avec des *Rescriptions,* non encore admissibles en payement de domaines nationaux. Le receveur lui observa qu'il ne pouvait accepter ses rescriptions, qu'il fallait des assignats; que faute d'en avoir *il étoit déchu d'après la clause de l'adjudication,* laquelle lui fut rappellée. (1)

____

(1) Pian dans sa pétition au département, avoue ces faits, et dit, que le receveur écrivit au bas de sa dernière quittance qu'il é..it déchu faute de payement au 4 Germinal. — Les pièces de cette affaire ont été renvoyées par le corps législatif au directoire, qui l'a renvoyé au ministre des finances. Il en est de même de celles de Wantier dont on va parler.

Cet acquéreur qui sentit toute la justice de ce refus, se retira; il fit, auprès du département du Pas-de-Calais, auprès de la Trésorerie Nationale, toutes les démarches possibles pour obtenir la restitution des 160,750 francs d'assignats qu'il avait payés, et *il ne réclama nullement contre sa déchéance*: on observe qu'il n'a jamais songé à prendre possession, qu'il n'a fait aucun acte de propriété.

L'administration de département se garda bien de réafficher ce bien à la folle enchère de Pian, car les frais de poursuites auraient encore été en pure perte pour la République.

Mais cette ferme et les terres ne tardèrent pas à être revendues; car *le 21 Floréal* suivant, (trois mois après la déchéance de Pian), le citoyen *Defontaine*, cultivateur et occupeur de ce bien, en fit la soumission sous le nom du citoyen *Bollet*: l'estimation était de 54,560 francs valeur numérique conformément à la loi du 28 Ventôse précédent. Le citoyen *Defontaine* a payé sur le champ 25,4061 francs en mandats et en numéraire effectif.

Le 9 Messidor suivant, la vente est consommée, le contrat passé au citoyen *Bollet* pour le citoyen *Defontaine*, qui depuis s'est acquité de la totalité du prix.

Tout devait être terminé, le citoyen *Defon-*
taine devait jouir , car il était en possession
comme fermier : cependant , *le 11 Termidor*
suivant, Pian étant parvenu à se procurer des
assignats, on se doute bien comment , vint
pour payer, réclama auprès de l'administration centrale qui déclara que Pian n'avait pas
encouru la déchéance , et qu'il devait être
admis à se libérer des termes échus de son
acquisition *suivant le mode prescrit par les lois*
de la République.

ON VOIT que cette administration , dirigée
alors par CORNE , (1) n'a pas osé dire nette-
ment , *que Pian payerait avec rien*; car on
doit être révolté de voir un agioteur venir
évincer un légitime et loyal acheteur qui a
payé en valeur numérique, et vouloir payer
avec *des assignats valeur nominale* , c'est-à-
dire avec rien.

Le citoyen Bollet pour Defontaine a récla-

---

(1) *Corne*; ex-procureur au conseil d'Artois, destitué
de la place de procureur-syndic du district d'Arras,
parce qu'avec *Dauchez*..... il ne voulait pas exécuter
les lois contre les prêtres; il est avec Dauchez au nombre des députés royalistes de l'an V que le 18 Fructidor
a rejetté du corps législatif. *Corne* a dit à un militaire
soumissionaire d'un bien d'émigré, *croyez-vous conquérir*
ces biens là comme vous avez pris la Bastille. Ce militaire a dû rendre compte de cela au directoire.

mé ; le département a persisté , et ses délibérations ayant été transmises au ministre des
finances on a trompé sa religion ; (1) car par ses
lettres des 3ᵉ jour complémentaire de l'an IV ,
et 8 Ventôse de l'an V , ce ministre confirme
l'arrêté du département du Pas-de-Calais , et
l'on voit dans la décision qu'on lui a fait
souscrire qu'il s'appuie sur une omission de
forme , sur ce qu'on n'aurait pas fait de sommation à Pian ; et le rédacteur de l'une de
ces décisions n'a pas osé y dire que Pian était
autorisé *à payer en assignats valeur nominale,*
c'est-à-dire avec rien ; mais on lit dans la
lettre du ministre des finances du 8 Ventôse,
de l'an V , que le receveur du district d'Arras
est autorisé à *admettre les payemens de cet*
adjudicataire dans les mêmes ESPÈCES qu'il
les eut fais à leur échéance; on fait même dire
au ministre dans une autre lettre du 8 Ven-
démiaire précédent, *que cela importe peu à la*
République, les assignats étant destinés à être
annull é.

---

(1) On connaît celui à qui Pian a promis une certaine
quantité de ces terres et qui a été solliter pour lui dans
les bureaux du ministre des finances : c'est lui qui a obtenu,
ou surpris la confirmation des décisions ruineuses et in-
justes dont on se plaint , et que les conseils doivent an-
nuller par une disposition générale.

(9)

Depuis quand n'importe-t-il plus au trésor
public de retirer de la vente des domaines,
une valeur réelle, au lieu d'un papier sans
valeur et qui doit être brulé.

C'est aux conseils seuls à prononcer
sur cette affaire ; car le citoyen Bollet pour
le citoyen Defontaine s'étant adressé au directoire exécutif pour obtenir la réformation
de la décision du ministre, le directoire renvoya au ministre qui persista dans son
avis: (1) et enfin le citoyen Defontaine s'est

---

(1) Cet avis du ministre est basé, comme on l'a vû,
sur la futile chicane que l'on n'aurait pas fait de sommation à un homme, dont le contrat portait *une clause
expresse de déchéance faute de payement à chaque terme
échu ;* il repose encore, cet avis, sur une distinction
erronée que voici. L'obligation de payer à terme fixe
de mois en mois n'est rigoureuse dit-on que pour le
prix de l'estimation, mais il n'en est pas de même pour
le montant de *l'enchère* quoique stipulée payable, aussi
par tiers dans les trois mois suivans.

Certes, il est évident que c'est une erreur de ne re-
garder comme *payement de rigueur* que le montant de
l'estimation d'un domaine national, et non pas *l'excédent
des enchères*, ou la totalité du prix ; car, quand la loi,
ou le contrat autorisé par la loi ne distingue pas, nous
ne devons pas distinguer ; lorsqu'un bien estimé 160
mille francs est adjugé pour 3 millions et que le payement total doit s'effectuer en *six mois consécutifs*, l'intention du législateur n'a pas été d'en accorder *sept*,
et même *neuf*, si l'acquéreur se laissait *sommer* à chaque
terme de payement. Il est constant que d'après la loi
et la clause du contrat, que *chaque payement est de
rigueur ;* les trois premiers ne le sont pas plus que les
trois derniers ; on ne peut diviser l'obligation quant à

adressé au conseil lui-même, qui, au lieu de nommer une commission ainsi qu'on l'espérait, renvoya de nouveau au directoire.

Mais puis que, sur un message du directoire, le conseil s'occupe de la rédaction d'une loi sur les déchéances, il faut fixer irrévocablement la manière dont les administrations centrales ont dû et doivent prononcer en pareil cas, et régler le sort des acquéreurs de bonne foi qui ont fourni des valeurs réelles au trésor public.

Pour d'autant mieux déterminer l'opinion de la législature sur cette matière, je vais citer un nouveau fait qui servira à donner l'idée de *l'article de loi* nécessaire à ajouter à celle qui est soumise en ce moment à l'examen du conseil.

---

sa nature, elle est une, elle est rigoureuse, puis qu'elle est pénale; l'obligation de payer ne peut être divisée que quant aux termes de payement, et à chacun de ces termes la *déchéance* menace l'acquéreur qui ne remplit pas sa promesse. Les clauses comminatoires sont écartées de notre droit. *Vous avez promis, il ne me faut que votre contrat pour vous contraindre:* c'est une iniquité de m'obliger, d'obliger sur-tout la République à faire un procès à son débiteur qui s'est engagé à payer tel jour; c'est une condition sans laquelle le contrat n'aurait pas été passé; le contrat, somme, interpelle à chaque instant, sur-tout à chaque terme; prétendre le contraire serait rétablir une chicane ridicule, odieuse au détriment de la République en faveur des fripons ou des imprudens.

(11)

Il existe au village D'HARNES département
du Pas-de-Calais une maison rurale, contenant
deux arpens environ dépendans de la ci-
devant abbaye de Saint-Pierre de Gand.

Le nommé *Chancé* ou *Chaussé*, jardinier des
Moines, devenu leur fermier, et qui voulait
peut être leur conserver cette habitation, se
fit adjuger ce bien, le 14 Brumaire, an IV,
moyennant 473,000 francs assignats, sur une
soumission et évaluation de 18,600 francs,
il paya le premier terme.

Le 14 Nivôse, an IV, Chancé devait avoir
payé le second terme du prix de son acqui-
sitiou, il ne se présenta chez le receveur
que le 19; ce receveur ne pouvait plus, ne
devait plus accepter ce payement : *Chancé*
étoit déchu par la loi et par la clause de
son adjudication.

L'administration centrale du département
prononça cette déchéance, le 24 Nivôse, sur
la réclamation de Chancé. Ainsi ce domaine
rentra dans la masse des biens nationaux.
Pour l'utiliser jusqu'à la vente l'administration en fit la location pour un an. Chancé
prit ce bien à bail. S'il s'était cru propriétaire,
il n'aurait pas consenti à être locataire de la
République, il se serait opposé à la location

il aurait au moins protesté. Son bail est donc un acte d'adhésion à la déchéance.

Les choses en cet état, le citoyen WANTIER, propriétaire cultivateur, au village de Fouquières, soumissionna ce domaine le 27 Prairial, an IV, en vertu de la loi du 28 Ventôse précédent. Il obtint son contrat et paya le le montant de son acquisition. Il fit cesser l'effet du bail accordé à Chancé; il se mit personnellement en possession, après lui avoir notifié son contrat.

Il jouissait paisiblement quand tout-à-coup il reçut une décision, de l'administration centrale, qui relevait Chancé de la déchéance, sauf à *lui a parfaire ses payemens d'après les lois à intervenir.* Cette décision était basée sur une lettre du ministre des finances.

Cette faveur marquée pour l'ami des moines, étonnerait à bon droit si on ne savait qu'il est facile aux intrigans de surprendre la religion des ministres : on a détruit tous les motifs et les considérans de cette lettre dans un mémoire présenté au ministre des finances; mais le citoyen *Wantier* n'en est pas moins exposé à être évincé d'un bien dont il jouit, *qu'il a payé en entier*, auquel il a fait des travaux, par un homme qui n'a pas payé.

et qui est autorisé à payer le surplus avec des valeurs mortes, et après avoir obtenu un tems plus long que celui accordé par la loi.

Ces deux affaires ne sont pas les seules que l'on pourrait citer, non-seulement dans le département du Pas-de-Calais, mais dans tous les autres départemens ; il en existe des milliers.

Il est de la sagesse des conseils législatifs de faire cesser les réclamations, les procès administratifs, les injustices qui résulteraient des décisions donnés par plusieurs administrations centrales, dans un tems ou elles étaient dominés par un esprit contre - révolutionnaire (1) et déprédateur de la fortune publique. Si on adopte les payemens en assignats comme dans l'affaire de Pian et Defontaine: si on accorde d'autres délais que ceux de la loi, on favorise les intrigans, les ennemis de la République, l'on est injuste envers ses amis, envers des hommes de bonne foi qui ont remplis leurs engagemens et ont payé le prix de leurs acquisitions: on retarde la rentrée du prix

___

(1) Le citoyen *Corne* dirigeait, comme on l'a déjà dit, l'administration centrale du Pas-de-Calais d'une manière si contre-révolutionnaire qu'il avait fait suspendre la vente des biens de l'émigré *Briois-Beaumetz ;* et qu'un patriote ayant acquis un bien d'émigré y trouva, en allant prendre possession, l'émigré en pleine jouissance, autorisée par *Corne ;* une action judiciaire fit disparaître l'émigré.

de la vente des domaines nationaux, et l'on re-tire de la caisse nationale, la totalité des sommes qui y ont été versées par ces acquéreurs de bonne foi; ou bien on les ruine, si on leur donne des bons discrédités, ou si on les force à acquérir des biens qui ne leur conviennent pas; on les évince d'une propriété qui était à leur convenance et pour l'achat de laquelle ils ont souvent épuisé leur fortune, celle de leurs parens et de amis.

Que doit donc faire le corps législatif? Il doit par une décision prompte, par un décret, fixer le sort de ceux qui, de bonne foi, ont acquis des domaines nationaux, et qui les ont payé: en un mot faire ce qui est le plus juste pour les citoyens et pour la République.

La loi ne fait acception de personne, *le second acquéreur*, abstraction faite des intentions civiques ou contre-révolutionnaires, est aussi recommandable aux législateurs que le *premier acheteur*; dès lors, il n'y a plus à considérer qu'une seule chose, *l'avantage de la République*: or, il est palpable que l'intérêt du trésor national commande de préférer, celui qui a réellement payé une somme juste et représentative de la valeur du bien vendu, à celui qui veut profiter des circonstances pour s'enrichir aux dépens de la République. Il est juste et c'est un devoir de ne retirer du trésor public que le moins possible , que ce que la loi veut , il est bien plus juste de n'en retirer que des valeurs mortes pour les rendre à ceux qui les ont déposées , à ceux qui sont déchus par leur faute , leur négligence ou leur cupidité. Pourquoi en extrairait-on des valeurs conséquentes produit des dernières ventes· (1)

En deux mots, chaque acquéreur de ces biens a un contrat. Quel est celui qui doit être maintenu , ou de celui qui est onéreux à la République, dont l'entretien ne lui rapporte rien ou presque rien , ou du contrat du citoyen qui possède, qui a payé une véritable valeur ? La réponse n'est pas douteuse dans le sanctuaire des lois. D'ailleurs le contrat et la loi ont prononcé *la déchéance* , et les biens ont été revendus. (2)

---

(1) Exemple. Dans la l'affaire de Pian et Defontaine , si Pian pouvait conserver , il aurait 175 arpens et une ferme pour 3 ou 4 *mille francs* , et le trésor public serait obligé de remettre au citoyen Defontaine 54 *mille francs effectifs*.

(2) Peut être devrait-il en être de même pour les *biens non revendus* ; sauf à admettre les acquéreurs déchus, comme premiers enchérisseurs ; et s'ils étaient évincés l'acquéreur nouveau serait tenu de leur restituer les assignats et mandats suivant l'échelle proportionnelle et payerait le surplus du prix au trésor national, qui par ce moyen ne serait tenu à aucun revirement de parties.

Je propose donc, au conseil, de renvoyer à la commission existante le projet d'article additionnel que voici :

Les clauses de déchéances faute de payement à chaque terme, inscrites dans les contrats ou ajudications de domaines nationaux continueront d'être exécutées.

Lors qu'un bien national aura été vendu en vertu de déchéance légale ou exprimée dans les contrats ou adjudications, les seconds acquéreurs seront seuls propriétaires.

Les assignats ou autres valeurs payées par les premiers acquéreurs leur seront restitués conformément aux lois existantes à l'époque de la cessation de payement.

Toutes demandes, délibérations, arrêtés, contraires à cet article, sont regardés comme non avenus.

G U F F R O Y, *homme de loi.*

A P A R I S,

De l'Imprimerie, de la rue Nicaise, Maison ci-devant Magasin de l'Opéra, N°. 513.